Emanuel Lasker

Manuel Marquez Sterling

In the interest of creating a more extensive selection of rare historical book reprints, we have chosen to reproduce this title even though it may possibly have occasional imperfections such as missing and blurred pages, missing text, poor pictures, markings, dark backgrounds and other reproduction issues beyond our control. Because this work is culturally important, we have made it available as a part of our commitment to protecting, preserving and promoting the world's literature. Thank you for your understanding.

M. MÁRQUEZ STERLING

EMANUEL LASKER

UNA PARTIDA CON A. B. HODGES

EL AJEDREZ EN MEXICO

MÉXICO
LIBRERIA MADRILEÑA, DE J. BUXÓ Y COMP.
Coliseo Viejo, esquina al Callejón del Espiritu Santo

1897

EMANUEL LASKER

A NUMA PRETI

I

Los adoradores de la brillante *Escuela Antigua*, no concebían que existiera un maestro tan ilustre como el inmortal Paul Morphy, y que sin realizar las combinaciones pomposas del genio luisianés, llegase á tener personalidad tan notable como la suya.

Vivía Steinitz con el cetro del ajedrez universal, engrandecido por sus triunfos sobre los campeones que siguieron al vencedor de Lowenthal y Harwitz. Algunos opinaban que Steinitz valía tanto ó más que Morphy; muchos aseguraban que vivo Morphy, Morphy sería el campeón del mundo. ¿Quién podría probar de una manera inequívoca esta ó aquella afirmación? Las diferencias de estilo que á ambos separaban, ofrecían á los críticos dificultades insuperables. Morphy quedaba como el genio más grande de nuestro arte. Morphy era lo sobrenatural.

* * *

El 24 de Diciembre de 1868, nació en Berlinchen, Prusia, Emanuel Lasker, y desde muy niño, practicaba el ajedrez con su hermano el Dr. B. Lasker, maestro muy distinguido. Abandona más tarde el tablero para recibir una educación esmerada, sobresaliendo en los estudios de Matemáticas; y vuelve al campo ajedrecístico en 1889, llevándose el primer premio del Torneo de Berlín sin perder un solo juego y anotándose veinte. En la misma época gana otro primer premio en Breslau, y queda en segundo lugar en Amsterdam, mientras Amos Burn alcanza el primero.

Estos triunfos en un ajedrecista de tan pocos años, despiertan la curiosidad de los clubs, y el nombre de Lasker circula por ambos continentes. Más tarde derrota á Lee y á Bird; después á Miniati, á Bardeleben y al célebre Englisch.

Radicado en Londres, hecho ciudadano inglés y obteniendo victorias notables en el tablero, Lasker se hace más grande con el primer premio del Torneo de la *British Chess Association*, en 1891.

Dos éxitos extraordinarios convierten á Lasker en un maestro de envidiable reputación: concertados sus *matches* con Bird y Blackburne, los vence sin perder una sola partida. A poco tiempo, en 1892, se presenta en el Torneo Quintangular de Londres, y el *score* fué el siguiente: I. Lasker con 6½ juegos. II. Blachburne con 6. III. Mason con 4. IV. Gunsberg con 2½ y V. Bird con 1½.

A Emanuel Lasker como ciudadano inglés se le considera entonces *Campeón* de la Gran Bretaña. Su personalidad parece ser llamada á competir con el recuerdo de Paul Morphy. El nuevo gladiador se presenta en el concurso de los atletas lleno de aspiraciones, con su corona de laureles. Su intención es derrotar al viejo Steinitz, al hijo ilustre de Praga, que vive en Mont Clair, tranquilo, convencido de su fuerza, sin temor á un tropiezo después de ser 28 años *Campeón del mundo*.

Lasker, queriendo llevar un triunfo más á su desafío con Steinitz, invita al Dr. Tarrasch á jugar un *match*. Tarrasch rehusa á la invitación, alegando que no considera á Lasker de bastante fuerza para batirse con él.

¿Era justo aquel desaire? ¡No! Tarrasch no era, ni mucho menos, capaz de derrotar á Lasker. Entonces ¿por qué lo excluía de la valiente fila de primeros espadas en que había sabido colocarse el joven prusiano después de batir á Blackburne y á Gunsberg? ¿No habían éstos optado al campeonato del mundo? ¿No eran, pues, capaces de dar fama á sus vencedores? ¿Era Tarrasch acaso el vencedor de los primeros maestros del mundo?

Tarrasch ganó varios torneos de maestros sin perder un juego. También Lasker había hecho semejantes proezas. Y ni en unos ni en otros torneos Steinitz había figurado.

En 1893, éste era el legítimo competidor de Morphy. Lasker iba camino de la supremacía.

II

El viaje de Lasker á la tierra americana, hizo mucho para solidaridar su nombre. Se bate en los Estados Unidos con los más fuertes maestros y todos son derrotados con ventaja inmensa. Martínez, Delmar, Showalter, De Visser, etc., ajedrecistas que han sabido arrebatar victorias á Tschigorin, Gunsberg, Walbrodt, Zukertort, Steinitz, Mackenzie, etc., no pudieron medir sus fuerzas con Lasker, sin perder violenta y continuamente.

Decidido á desafiar á Steinitz, Lasker practica sin cesar. A principios de 1893, el Club de Ajedrez de la Habana para sus festivales de invierno, lo invita á jugar con sus profesores en unión del joven berlinés C. A. Walbrodt, y el resultado de la campaña no puede ser más honroso. Steinitz, Mackenzie, Gunsberg, Tschigorin, Blakburne y otros maestros, perdieron partidas muy notables con Vázquez, Golmayo y Ponce. Sin embargo, los *matches* que con éstos jugó Lasker resultaron del modo siguiente:

I.—Lasker 2, Golmayo 0, tablas 1.
II.—Lasker 3, Vázquez 0.
III.—Lasker 3, Ponce 0.

No fué Lasker tan querido en la Habana como Mackenzie, Steinitz y demás campeones que exhibieron su talento en aquella hermosa capital. La razón fué sencilla. Lasker, soñaba en esa época en batir á Steinitz: su fuerza, ya conocida, tenía elasticidad, y él en su pleno derecho no quiso mostrarse tal cual era. Walbrodt, que se había creado la simpatía del Club, por su modestia y su genio, deseaba aprovechar la ocasión de celebrar un *match* con Lasker. La idea circuló rápidamente entre los *amateurs*. En una noche se reunieron $750 oro en favor suyo, y D. Enrique Conill llevó á Lasker al cartel de desafío.

Aquello fué una contrariedad para Lasker, y no aceptó el reto por más que con ese objeto se emplearan por los *amateurs* toda clase de empeños.

Lasker regresó á New-York sumamente disgustado; y el Club de la Habana hizo patente su protesta del desaire con que Lasker correspondió á su hospitalidad.

¿Tenía Lasker razón? Opino que Lasker debió batirse con Walbrodt, y tanto más cuanto que al poco tiempo aceptó el reto de Showalter en Georgetown á jugar un *match* por $1,000.

La contienda Showalter v. Lasker fué de lo más interesante. Showalter alcanzó un bonito *score*, pero Lasker demostró su fuerza sorprendente, ganando 7 juegos y perdiendo 2! Showalter quedó á mi ver satisfecho. Su *score* superó al de

Blackburne que no ganó un solo juego y perdió como él 7 partidas.

El estilo de los juegos Lasker v. Showalter señalaron por parte del primero un nuevo horizonte en nuestro arte. La escuela de los atacadores insaciables no aparecía en ellos, pero se mantenía también á distancia de la *Escuela Moderna*. No eran juegos complicados como los de Tschigorin, ni soñolientos como los de Englisch. Tampoco se batía Lasker en retirada, para sorprender al enemigo en un momento dado (como lo hacía Steinitz) y destrozarlo lentamente.

El sistema de Lasker era nuevo, suyo, enteramente suyo. Una estrella así aparecida en el firmamento con fulgores desconocidos, era la llamada á competir con el fuego abrasador del sol. Lasker era el único que podía alentar esperanzas de batir al viejo bohemio.

III

Las dificultades con que Lasker tropieza para celebrar su *match* con Steinitz son grandísimas. Una vez salvadas, el *match* comienza á mediados de 1894, y nadie absolutamente creía que Lasker pudiera derrotar á su competidor. Vázquez, en el *Diario de la Marina*, de la Habana, declaró que la estrella de Steinitz no vacilaría, aunque Lasker tenía bastante talento para hacerle un buen *score*. Hoffer en el *Chess Monthly* se mostró confiado en el nuevo triunfo de Steinitz. Los hechos fueron contrarios á todas las apreciaciones, y el joven prusiano conquista el Campeonato del Mundo, con 10 victorias admirables, 5 derrotas y 4 juegos tablas.

El mundo entero quedó asombrado. ¿Cómo Steinitz, que había siempre aniquilado á sus contrarios, se dejó batir por un maestro nuevo, que aún no contaba victorias bastantes para batirse por el *Championship of the World?*

Todos se empeñaban entonces en buscar una causa á la caída del rey. Claro, Steinitz no debió admitir la lucha. Estaba fuera de juego, enfermo. Su gota, su muleta, su falta de práctica en los últimos años, la muerte de su esposa y de su hija Flora, habían sido los causantes de su desgracia. Lasker iba á la lucha lleno de vida, alegre, sin pesares ni contratiempos que lo preocuparan en lo más mínimo.....

Sin embargo, Mason y Gunsberg dijeron que las partidas habían sido espléndidas y que los finales sólo podían compararse á los de Morphy contra Harwitz. El viejo Steinitz desafió á Lasker de nuevo. Preparaba él mismo su derrota definitiva. Lasker aplazó el combate. Y poco después regresó á Europa dispuesto á batirse con Tschigorin, para que nadie pusiera en duda si realmente debía reconocérsele Campeón del Mundo. Hubo quien le negara el título, pero el mismo Steinitz, haciendo un esfuerzo supremo, se lo cedió con toda honradez y sinceridad.

IV

El *match* Tschigorin-Lasker no pudo celebrarse, por estar ambos comprometidos á jugar en el *Torneo de Hastings* en Agosto de 1895. Lasker fué á Hastings á raíz de una fiebre tifoidea que puso en peligro su vida. La debilidad del joven campeón era indiscutible, y aunque hubo momentos en que parecía suya la victoria, el resultado fué causa de una gran sorpresa. El ajedrecista norte-americano Mr. H. N. Pillsbury, que por vez primera se presentaba en un concurso internacional de maestros, alcanzó el primer premio; Tschigorin, *Campeón ruso*, el segundo; Lasker el tercero; Tarrasch el cuarto; Steinitz el quinto; Schiffers el sexto, y Teichmann *ex-æquo* con Bardeleben el séptimo.

El club de San Petersburgo decidió la cuestión invitando á los cinco vencedores á un torneo por el *Championship* del mundo. Tarrasch rehusó la invitación y los otros cuatro se batieron como fieras, alcanzando el siguiente resultado:

Primer premio, Lasker.
Segundo   „   Steinitz.
Tercero   „   Pillsbury.
Cuarto   „   Tschigorin.

Como se ve, Lasker conservó su título sostenido cuerpo á cuerpo con los maestros más eminentes. Steinitz, como antes, supera á Tschigorin, derrota á Pillsbury, pero no puede con Lasker.

Después, Lasker vence nuevamente á estos mismos competidores en Nuremberg, y hoy vuelve á batirse con Steinitz.

El resultado de este segundo *match* no ha causado sorpresa á nadie. (1) La prensa de ajedrez en el mundo entero, esperaba una derrota indiscutible para el *ex champion*.

En mi concepto, Lasker es el ajedrecista de más genio que ha producido Europa, y su personalidad resiste y con ventaja el paralelo con Paul Morphy.

El estilo de Lasker, sencillo, completamente de acuerdo con sus teorías, se comprende leyendo el libro *Common sense in chess* (2). El gambito *Evans* lo declara débil en esas páginas admirables. Los gambitos del rey los considera incorrectos. Y su práctica, ajustada á su teoría, son tal vez lo más grande que registrará la historia de nuestro hermoso arte.

NOTAS AL ARTICULO EMANUEL LASKER

(1) Puede darse por definitivo el resultado de este match, pues á la hora de entrar en prensa el presente folleto, los periódicos de los Estados Unidos dan la noticia de que el *score* actual es el siguiente:

Lasker, juegos ganados...		9
Steinitz, „ „ ...		2
Tablas............		5
Total de partidas....		16

De estos juegos conozco catorce, entre los que hay prodigios de combinación.

Cuando vi á Lasker en la Habana, me sorprendió el reposo con que se batía con Golmayo y Vázquez, pensando sus movimientos el tiempo preciso para no faltar al número de jugadas estipuladas previamente, mientras sus adversarios, á pesar de hacer esfuerzos para vencer al ilustre *Campeón del Mundo*, empleaban mucho menos tiempo que él y eran derrotados.

Hoy, el *Times Democrat*, de New Orleans hace notar como dato muy *significativo*, que en las partidas con Steinitz hay juegos en que éste emplea DOS HORAS Y CUARENTA MINUTOS, y Lasker CINCUENTA Y CINCO MINUTOS solamente, siendo lo extraordinario que el Sr. Steinitz ha perdido en dichas partidas.

(2) *Common sense in chess* es la única obra publicada por Lasker. El libro, de poco volumen, contiene una serie de disertaciones leídas por Lasker en Inglaterra después de su primer *match* con Steinitz. Campea en la obra, una originalidad

digna de los genios verdaderos. En ella puede justificar el lector, que la fama de Lasker como finalista, responde bien á los conocimientos que posee en ésta parte difícil del ajedrez.

Actualmente, creo que es Pillsbury el único maestro que pudiera llegar á competir con él en cuestión de finales.

UNA PARTIDA CON A. B. HODGES

Jugando en Staten Island con el conspicuo maestro norte-americano Mr. A. B. Hodges, la tarde del 9 de Septiembre de 1895, se dió la siguiente posición al ejecutar yo, que conducía las blancas, mi movimiento 23°:

NEGRAS (A. B. Hodges)

BLANCAS (Márquez Sterling)

Mi jugada fué entonces T 4 T D y analizada luego por Lipschütz, Jasnogrodsky y Pillsbury, encontraron, lo mismo que Hodges y yo, que nada mejor podía hacerse por parte de las blancas, por cuyo motivo dije en la página 25 de mi librillo *Páginas de ajedrez*, comentando dicha jugada: «El juego ha llegado á una posición difícil de ganarse, y esta tentativa de ataque lo lleva á las tablas seguras.» En efecto, Hodges respondió á mi jugada 23 con P 3 T R y el juego se declaró nulo, en el movimiento 32.

Mucho después de publicadas las *Páginas de ajedrez* he visto que las blancas debieron haber ganado con una bellísima combinación escapada á la perspicacia y el talento de cuantos la analizaron conmigo en el *Manhattan Chess Club* de New York.

He aquí dicha combinación:

BLANCAS.	NEGRAS.
23. C 5 C !	D 2 R
24. C 6 R !!	D x C
25. D x T etc., y deben ganar las blancas.	

Variante.

24.	T x P A?
25. C x T	T I A
26. C x P A	P x C
27. T x P T y ganan.	

EL AJEDREZ EN MÉXICO
(1896)

Poco ha progresado el ajedrez en esta hermosa tierra, á pesar de la mucha afición que se le profesa. Hay ajedrecistas de talento, y muchos llegarían á puestos distinguidos, si no los dominara una profunda apatía para estudiar y analizar.

La crónica del año 1896 registra pocos sucesos en sus páginas. La práctica constante de los Sres. Escontria, Eguiluz y Caloca, violenta como falta de verdadero interés, no constituye acontecimiento digno de mención. Sí puede anotarse en ella, la fina atención con que el Sr. Caloca se dedica al noble arte de Morphy, esperando todos de su genio, un nombre que brille en lo porvenir con ventajas sobre los veteranos Eguiluz y Escontría.

Hacia el mes de Agosto, habiendo yo regresado de Europa, se trató de un *match* entre Escontría—considerado el jugador mexicano más fuerte, después de Andrés Clemente Vázquez—y el autor de estas líneas.

No pudo verificarse entonces, y entre tanto, Mr. R. B. Keys, antiguo campeón de New Jersey, aceptó un reto mío para jugar un *match* al mejor resultado de diez partidas. El *score* fué el siguiente:

Aperturas.	Vencedor.	Jugadas.
I. Guiuoco Piano	Tablas	65
II. Ruy López	Sterling	27
III. Vienesa	id.	24
IV. Ruy López	id.	50
V. Allgaier	id.	58
VI. De Reviére	Keys	21
VII. Gamb. del Centro	Sterling	25

(NOTA.—En las partidas impares, lleva las blancas Mr. Keys).

Resultado:

M. M. Sterling, juegos ganados.. 5
R. B. Keys „ „ .. 1
Tablas 1
                              ———
Total de juegos......... 7

He aquí la 3ª partida que en mi concepto fué una de las mejores:

APERTURA VIENESA.

Blancas.	Negras.
R. B. Keys	Márquez Sterling
1 P 4 R	P 4 R
2 C D 3 A	C D 3 A
3 P 4 A R	P×P
4 C R 3 A	P 4 C R
5 A 4 A	A 2 C
6 P 4 D	P 3 D
7 O O	P 3 T R (a)
8 T 1 R (b)	A 5 C R
9 P 5 R	P×P
10 P 5 D	A×C
11 D×A	C 4 D
12 D 4 R	C R 2 R (c)

13 P 3 C R (d)	P 4 A R!
14 D 3 D	P 5 R
15 C×P R ! (e)	P×C
16 T×P	C D 3 A
17 T 6 R (f)	R 2 D
18 P×P	R 1 A
19 P×P	P×P
20 A×P	A 5 D†
21 R 1 T	D 1 C!
22 A×C (g)	C 6 C†!
23 R 2 C	C 5 R†
24 R 3 A	T 6 T†

Y ganan las negras.

NOTAS.

(a) Defensa muy fuerte de Greco.

(b) Era mejor P 3 T R para la contintuación del ataque.

(c) Jugada muy necesaria y superior á R 1 A, para evitar D×A de las blancas.

(d) Débil, en mi opinión.

(e) Lo mejor, tomando con más actividad el ataque.

(f) Amenazando D×C.

(g) Las blancas no tienen nada bueno que hacer.

*
* *

El match Escontria v. Márquez Sterling se concertó después para el 1º de Diciembre, y el *Jockey Club* ofreció sus salones para que en ellos se jugara. Firmado el contrato, se señaló como apuesta $300. Desdichadamente Escontría tuvo contratiempos de tal importancia, que la víspera me manifestó que no podía jugar, y el proyecto quedó totalmente anulado.

La llegada á ésta del Sr. M. P. Marceau, distinguido jugador procedente del *Manhattan Chess Club* de New York, animó un poco á los ajedrecistas, jugando *matches* con el Sr. Caloca y partidas sueltas conmigo.

Termina con esto el movimiento del ajedrez en México, durante el año de 1896.

CALOCA v. MARCEAU

(Noviembre, 1896)

Apertura irregular.

BLANCAS.	NEGRAS.
E. Caloca.	M. P. Marceau.
1 P 4 R	P 3 A D (a)
2 P 4 D	P 4 D
3 C D 3 A	P 3 R
4 C 3 T (b)	P x P
5 C x P	P 4 A R (c)
6 C D 5 C	D 3 A R
7 A 4 A R	P 3 T R
8 A 5 R	D 3 C
9 C 3 A	C 3 A R
10 C 4 A (d)	D 2 A
11 A x C !	T x A
12 C 5 R	D 2 A

13 A 2 R (e)	T 1 C
14 A 5 T †	R 1 D (f)
15 A 7 A	P 4 C R
16 C x P R † (g)	A x C
17 A x A	T 2 C
18 A x P	C 4 D
19 O O	A 3 D
20 T 1 R	T 2 R
21 P 4 A D !	C 3 A
22 P 5 A	A x C
23 T x A	T 2 C (h)
24 T 6 R	D 2 A
25 D 1 R !	R 2 A (i)
26 D 5 R †	Se rindió (j)

NOTAS

(a) Si hubieran jugado las negras 1 P 4 A D, sería una defensa siciliana mejor en mi concepto que la del texto.

(b) Débil movimiento. C 3 A R era superior.

(c) Jugada de ataque muy prematuro. P 4 R, daba la superioridad á las negras de este modo: 5** P 4 R-6 P x P, D 4 T †-7, P 3 A D, D x P R-8 D 2 R, A x C, &.

(d) No era malo jugar A x C, T x A, C 5 R, D 2 T (lo mejor) C 4 A &c.

(e) Fuerte movimiento que da una ventaja de posición indudable á las blancas.

(f) C x A era mejor.

(g) A x T era malo porque las negras jugaban P x C y tenían mejor juego.

(h) Mejor T x T.

(i) Las negras no tienen remedio. Sin embargo, C 2 D era superior á la del texto.

(j) Si R 1 A, T 8 R, mate. Si R 1 R, mate en 3 jugadas.

HERR A. THIMM

El ajedrez está de luto en México. Apenas llorábamos la muerte de Antonio Priani (el brillante antagonista de Andrés Clemente Vázquez), Herr A. Thimm, *el alemán*, como cariñosamente se le llamaba en el Club del Sr. Eguiluz, ha sucumbido en Durango víctima de un tristísimo accidente.

Thimm, hacía más de doce años que vivía en México. Su afición al ajedrez era decidida, y á él dedicaba todo el tiempo que le era posible.

Indudablemente, los ajedrecistas mexicanos, han perdido en Thimm á un compañero. Escontría y Eguiluz sostenían con él, casi á diario, sesiones interesantísimas.

El estilo de Thimm, tenía algo del romanticismo del estilo de Morphy.

He aquí esta preciosísima partida que aparece en la página 126 del II tomo del *Análisis del Juego de Ajedrez* (3ª Edición) de A. C. Vázquez, y que será conservada, como ejemplo del genio del malogrado Thimm:

APERTURA DE LOS ALFILES

BLANCAS.	NEGRAS.
Lázaro Reina.	*Herr A. Thimm.*
1 P 4 R	P 4 B
2 A 4 A	A 4 A
3 P 3 D	C R 3 A
4 C R 3 A	P 3 D
5 OO	OO
6 P 3 A D	P 3 A D
7 A 3 C D	A 5 C R
8 A 3 R	C 3 T D
9 C D 2 D	P 4 D
10 P 3 T R	A 4 T
11 P 4 C R	C × P C !!
12 P × O	A × P
13 R 2 C	P 5 D
14 P por P	P por P
15 A 4 A R	D 3 A R
16 R 3 C	P 4 T R
17 T 1 T R	T R 1 R
18 D 1 C R	C 5 C
19 D 1 A R	R 2 T

20 P 3 T	C 4 D !! (1)
21 P × C	D × A † !!
22 R × D	A 3 D †
23 R 5 C	P 3 A R †
24 R 4 T	A 5 A !!
25 C 4 R	T × C !!
25 P × T	P 4 C †
27 C × P †	P × C ††

NOTAS

(Por A. C. Vázquez)

(1)—Fina y correcta concepción.
(2)—Thimm hace las jugadas finales, en el más artístico estilo.

Oct. 23, 1893.

OBRAS
DE
MANUEL MÁRQUEZ STERLING

DE VENTA EN LA LIBRERIA DE J. BUXÓ Y COMP.

	PRECIOS.	
*Menudencias (críticas)........	$ 1 50	rústica
*Quisicosas (críticas)...........	1 00	,,
*Escarcha, con prólogo de M. del Palacio....................	0 50	,,
*Rasguños (sátiras y críticas)...	0 50	,,
Un poco de ajedrez............	0 50	,,
*Ajedrez moderno.............	0 50	,,
El arte de Philidor (Revista)....	2 00	,,
La estrategia moderna (Revista).	0 25	,,
Match con A. C. Vázquez.......	0 35	,,
*Tratado analítico del juego de ajedrez....................	1 00	,,
*Páginas de ajedrez............	0 50	,,
*Revista internacional de ajedrez......................	2 50	pasta
Emanuel Lasker...............	0 30	rústica

NOTA.—Los títulos que llevan un asterisco, ó están agotados completamente ó quedan de ellos muy pocos ejemplares.

Printed by Libri Plureos GmbH in Hamburg,
Germany